1870

QUELQUES MOTS
SUR L'ALGÉRIE

À PROPOS DE L'ENQUÊTE

PAR

LE COMTE CHARLES DE MONTEBELLO

ANCIEN CAPITAINE DE TIRAILLEURS ALGÉRIENS
CHEVALIER DE LA LÉGION D'HONNEUR
COLON PROPRIÉTAIRE AUX OULED-RHAMOUNS
PRÈS DE CONSTANTINE (ALGÉRIE)

> L'opinion publique est une puissance
> souveraine à laquelle appartient tou-
> jours la dernière victoire.
>
> NAPOLÉON III

PARIS

CHALLAMEL AINÉ, LIBRAIRE-ÉDITEUR

COMMISSIONNAIRE POUR LA MARINE, LES COLONIES ET L'ORIENT

30, RUE DES BOULANGERS ET RUE DE BELLECHASSE, 27

QUELQUES MOTS

SUR L'ALGÉRIE

A PROPOS DE L'ENQUÊTE

> L'opinion publique est une puissance souveraine à laquelle appartient toujours la dernière victoire.
>
> NAPOLÉON III.

L'opinion publique vient de se manifester d'une manière éclatante dans l'enquête dirigée avec tant de soin et d'intelligence par M. le comte Lehon.

Les procès-verbaux de cette enquête, où sont dévoilés les vices d'une organisation condamnée depuis longtemps, renferment tous les vœux des Algériens ; tous unanimement protestent contre l'état actuel des choses, et chacun donne son opinion particulière pour y porter remède.

Au moment où va paraître, pour être soumis à la discussion, le projet de sénatus-consulte émané de la commission chargée d'examiner les questions fondamentales touchant à la constitution de l'Algérie, nous avons pensé qu'il ne serait pas sans quelque intérêt de faire une sorte de dépouillement de l'enquête de M. le comte Lehon, de façon à présenter, dans un tableau, d'une manière moins éparse et plus méthodique, les résultats principaux de cette enquête au point de vue politique.

Après avoir placé sous les yeux du lecteur ce tableau de la résultante des vœux des Algériens, nous discuterons d'une manière générale la grande question qui doit surtout nous préoccuper.

TABLEAU

DE LA RÉSULTANTE DES VOEUX DES TROIS PROVINCES ALGÉRIENNES.

ASSIMILATION PROGRESSIVE A LA MÉTROPOLE avec toutes les exceptions que réclame la situation particulière du pays et comme conséquences :

Élection de trois députés au Corps législatif, — conseils électifs.

Unité administrative, établie en principe : régime civil; plus de distinction de territoires, sauf à proclamer l'état de siége quand la sécurité publique l'exigera; simplification des rouages de l'administration; assimilation complète du régime communal de l'Algérie avec celui de la France, et conséquemment application de la loi du 24 juillet 1867 sur les conseils municipaux; les indigènes seront préparés à cette assimilitation; ils nommeront leurs *djemmaas* selon leurs coutumes particulières, et leurs communes seront créées, non comme on vient de le faire par une consolidation de l'autorité militaire et des bureaux arabes, mais sous l'influence des principes de liberté civile et communale, d'après des statuts locaux.

Unité de législation, établie en principe : inamovibilité de la magistrature ; jury en matière criminelle et d'expropriation ; la *propriété individuelle chez les indigènes sera constituée* le plus tôt possible conformément au Code Napoléon ; on leur imposera une législation conforme, autant que possible, à la législation française, de manière à améliorer leur état social sans troubler leurs convictions religieuses ; restriction de la juridiction des tribunaux indigènes aux questions de statut personnel ; les indigènes éliront leurs djemmaas judiciaires.—Préparer le code rural avec les modifications qui peuvent être nécessaires à son application à l'Algérie. — Étendre les libertés commerciales et faciliter les transactions, les relations et le commerce dans tout le territoire, etc., etc., etc.

Établissement de l'impôt foncier sur tout le territoire algérien à mesure que la propriété individuelle sera constituée ; sa perception par des agents financiers et délivrance de quittances individuelles ; là où la propriété ne sera pas encore constituée, la répartition des impôts se fera par des djemmaas, élues *ad hoc*.

Développement de la colonisation par l'appel à l'immigration et la création de nouveaux centres ; vendre des terres obtenues par l'expropriation ; laisser toute liberté aux acquéreurs, toutefois, en les sollicitant par des travaux publics, à se grouper en un centre, autant que possible, mais sans en imposer l'obligation à qui que ce soit.—Achèvement des lignes ferrées, des ports et des routes ; révision de la loi de 1851 sur les eaux en ce qu'elle a de trop absolu (1) ; accor-

---

(1) Cette loi déclare l'État propriétaire de toutes les eaux, même celles qui se trouvent sur un fonds privé.

der des subventions pour l'établissement des puits artésiens; créer des barrages, réservoirs et tous les travaux destinés à faciliter les irrigations. — Créer des fermes modèles, des stations agricoles à l'instar de celles établies en Allemagne où des savants se tiennent constamment à la disposition des cultivateurs pour leur communiquer le résultat des essais qu'ils font et leur indiquer les améliorations qu'ils ont reconnues nécessaires. — Créer dans chaque arrondissement un comptoir d'escompte pouvant prêter aux colons comme aux Arabes à un taux modéré, etc., etc., etc.

DONNER A L'INSTRUCTION PUBLIQUE le plus grand développement possible, par la création d'écoles mixtes et l'institution d'établissements d'enseignement secondaire spécial, etc., etc., etc.

SÉCURITÉ du territoire, des biens et des personnes, organisation d'une nombreuse gendarmerie mixte et de milices. L'armée, maintenue à un effectif respectable, aura pour mission de maintenir l'ordre le plus parfait, de prévenir les révoltes des tribus ou de les comprimer rapidement si elles venaient à éclater, etc., etc., etc.

Nous voyons par ce tableau que la principale question, celle sur laquelle les colons sont unanimes, est l'assimilation.

L'Algérie a été soumise jusqu'ici à un régime exceptionnel des plus arbitraires, qui a eu, sans doute, sa raison d'être, tant que la conquête n'était pas consolidée ; mais ce système, organisé au jour le jour, sans la moindre stabilité, n'est plus maintenant qu'un obstacle évident à la prospérité de l'Algérie et à la civilisation des Arabes.

Aujourd'hui que l'Algérie est parfaitement soumise,

que l'armée a achevé d'accomplir sa tâche glorieuse, les colons réclament avec énergie leurs droits de citoyens français auxquels ils n'avaient jamais renoncé, et ils demandent unanimement l'assimilation à la métropole.

Par assimilation ils entendent :

Que les trois provinces algériennes soient administrées comme trois départements français, sans distinction de territoire civil ni militaire ; que l'autorité civile ait seule la direction de toutes les affaires administratives et judiciaires et que l'autorité militaire n'ait d'autre mission que celle du maintien de la sécurité et de la défense du pays ;

Que la liberté soit donnée à la colonie en rendant à chaque colon les mêmes droits que ceux qu'il avait en France, entre autres la faculté de nommer ses représentants au Corps législatif et ses membres au conseil général, etc. ; que la propriété arabe soit constituée comme la française, qu'elle puisse être vendue, hypothéquée, expropriée pour cause d'utilité publique, etc. ; que les lois françaises soient appliquées indistinctement aux indigènes comme aux Européens, etc.

Mais la majorité des Algériens ne réclame pas de suite une assimilation aussi absolue ; elle comprend que l'assimilation ne peut être complète immédiatement, sans transition ; elle veut y arriver vite, mais progressivement et avec toutes les exceptions qu'exige la situation particulière du pays ; elle veut y préparer les Arabes en améliorant leur état social sans troubler leurs convictions religieuses ; elle croit qu'il n'est pas nécessaire d'appliquer de suite à la colonie toutes les lois françaises d'une manière absolue, cette colonie ayant encore besoin de se peupler et de s'installer, et l'assimilation complète pouvant faire peser des charges trop lourdes, surtout sur les petites populations rurales, en y apportant l'impôt, l'enregistrement, le service militaire, etc.

Ces vœux de la majorité des colons sont, comme on le voit, modérés, légitimes et très-acceptables.

Ajoutons que l'assimilation ne profiterait pas seulement aux colons; elle entraînerait avec elle la fusion des hommes et des intérêts et serait ainsi le meilleur moyen de civilisation.

Un système autonomique aurait aussi, peut-être, certains avantages, s'il était établi avec des lois plus libérales que les lois françaises tout en restant inspirées des mêmes principes de justice, de liberté et d'égalité; mais ce système aurait des inconvénients et les colons n'en veuleut pas; d'ailleurs les relations entre la France et l'Algérie sont devenues aussi fréquentes et aussi faciles que celles qui existent entre la France et la Corse, et la proximité est telle que beaucoup d'Algériens viennent constamment en France, où ils ont aussi des intérêts sérieux à surveiller.

— A première vue, toutefois, ne paraît-il pas exorbitant de prétendre assimiler à la France une vaste contrée de plus de 60 millions d'hectares, qui, sur 2,920,000 âmes environ, comprend à peine 240,000 Européens, tout le reste étant indigène !

C'est là la grande objection que nous opposent nos

adversaires, les partisans du régime militaire et du royaume arabe. Ces adversaires sont heureusement peu nombreux, mais ils sont redoutables à cause de leur mérite personnel et de la haute position qu'ils occupent pour la plupart; ils sont de bonne foi, nous le savons et nous le comprenons, car il est naturel qu'ils défendent et cherchent même à compléter l'œuvre à laquelle ils sont habitués à rêver et qu'ils ont créée eux-mêmes.

Mais il est facile de leur répondre, et nous allons le faire.

Pour cela, disons d'abord quelques mots sur la population musulmane de l'Algérie.

Cette population comprend principalement deux peuples d'origine très-différente : le peuple berbère ou kabyle et le peuple arabe, et, contrairement à l'opinion commune, l'Algérie est plutôt kabyle qu'arabe.

Le peuple berbère est autochthone, né des entrailles mêmes de la terre africaine; le peuple arabe, d'origine asiatique, est étranger.

Les Berbères sont beaucoup plus nombreux que les Arabes; leurs tribus sont répandues, savoir : sur le littoral, de la Tunisie au Maroc, sous le nom de Kabyles; — dans le sud de la province de Constantine, où ils portent le nom de Chaouia; — dans les principaux massifs de montagnes des provinces d'Alger et d'Oran, sous le nom de Djebelia; — dans les oasis du Sahara, sous les noms de Beni-Mzab, de Rouaga et de Braber; la population totale de toutes ces tribus est de plus de 1 million. — En outre, il existe, dispersé sur tout le territoire algérien, environ 1 million d'indigènes, d'origine berbère, que les Arabes, par la conquête, ont soumis à leurs lois ; ces indigènes, appelés à tort Arabes, n'ont pas tout à fait perdu la physionomie du Kabyle ; ils recherchent la vie sédentaire et habitent plus volontiers le gourbi que la tente ; ils reprendraient donc facilement leurs coutumes primitives si nous le voulions sérieusement...

Les Berbères sont commerçants, industriels, bons cultivateurs, horticulteurs même ; ils furent les colons sérieux de l'époque romaine ; ils sont sédentaires ; habitent des maisons dans des villes, des villages, des hameaux ; ils sont attachés au sol par le lien de la propriété privée et individuelle ; ils ont été chrétiens ; ont embrassé par force l'islamisme et leur tiédeur religieuse les rapproche davantage de l'élément européen dont ils recherchent aujourd'hui le contact ; leur langue diffère de la langue arabe ; ils ont plus de sympathie pour l'Européen que pour l'Arabe, et leur caractère naturel ne diffère pas beaucoup du nôtre. En matière civile et politique, ils sont régis par des kanouns (canons-coutumes) qui sont, comme dans l'Église primitive, arrêtés par la communauté des fidèles ; leur pays est composé de communes comme en France ; la commune, *qui forme la base de leur organisation*, est administrée par un maire (amin), assisté par un conseil municipal (djemmaa), dont les membres, comme le maire, sont nommés à l'élection par tous les individus en état de porter les armes dans la commune ; chaque commune a son budget et ses biens communaux.

Il serait donc facile d'assimiler les Berbères complétement à nous et, en modifiant quelque peu leurs institutions, l'administration des départements berbères pourrait être assimilée à celle de nos divisions territoriales en France.

Malheureusement la fusion serait moins facile avec l'Arabe, qui diffère essentiellement du Berbère : principalement pasteurs, mauvais agriculteurs, les Arabes n'habitent que la tente qu'ils déplacent aussi souvent que les besoins de leurs troupeaux et les saisons l'exigent ; ils ne possèdent pas la terre, mais ils l'occupent simplement en commun avec tous les membres de la tribu ; ils sont nonchalants et fatalistes ; ils sont aveuglés par leur fanatisme religieux et ne reconnaissent d'autres lois que celles du Coran ; la tribu arabe, qui est surtout une unité générique, a une organisation toute patriarcale qui détruit toute individualité ; elle est gouvernée par un chef, appelé caïd, qui est nommé par le Gouvernement et elle se subdivise en douars ou groupe familial, campant en commun et ayant pour chef le cheik.

En un mot, tandis que le Kabyle est républicain et démocrate, l'Arabe a des institutions théocratiques et aristocratiques, et c'est le communisme avec la féodalité qui forme le fondement de son organisation.

L'élément berbère nous offre donc une base bien plus solide à nos tentatives de civilisations. Eh bien ! jusqu'ici, on a plutôt cherché à arabiser le Kabyle qu'à kabyliser l'Arabe ; on a visé à la création d'un vaste royaume arabe avec tous les vices inhérents à la féodalité, au communisme et au despotisme militaire établi le plus arbitrairement ; c'est cette fatale erreur qui est la cause de tous nos maux, de la plupart des insurrections qui ont éclaté en Algérie et de l'affreuse famine de 1867 où plus de deux cent mille Arabes sont morts d'inanition... (1).

Il eût été assurément plus rationnel et plus juste de rêver à la création d'une vaste confédération kabyle, où une organisation démocratique et libérale eût été plus conforme à nos institutions.

Mais n'est-il pas plus naturel encore de penser aujourd'hui sérieusement à l'assimilation de l'Algérie à la France ? La difficulté ne serait pas si grande qu'on le croit, puisque déjà, comme on vient de le voir, les Berbères purs, au nombre d'un million, sont presque assimilés ; un million d'anciens Berbères arabisés ne demanderait pas mieux que de l'être, et tous les habitants des villes, maures, koulouglis, nègres et israélites, au nombre de 180,000 au moins, le sont tout à fait depuis longtemps. Sur la population indigène, qui est de 2,680,000 âmes, il ne reste donc plus en définitive que 500,000 Arabes purs à assimiler.

C'est là que gît la véritable, la seule difficulté...

Or, cette difficulté est déjà à peu près résolue : le sénatus-consulte de 1863 a déjà sapé, par sa base fondamentale, l'organisation sociale tout entière de ces Arabes, en décrétant la constitution de la propriété individuelle. Ce décret, accueilli par eux avec

(1) On sait que les Kabyles n'ont pas été atteints par le fléau.

enthousiasme, doit détruire infailliblement le communisme et la féodalité ; il changera absolument les mœurs et les lois musulmanes : les Arabes pourront vendre des terres aux Européens qui viendront alors s'établir au milieu d'eux, et par ce contact salutaire la fusion deviendra complète.

Le plus fort de la besogne est donc fait, et il ne reste plus qu'à suivre immédiatement le programme (1) modéré que les colons proposent.

— Nous venons d'exposer que la constitution de la propriété individuelle est le principe fondamental de la fusion des races ; malheureusement il est difficile de constituer cette propriété sur tous les points à la fois ; il est bon de procéder d'abord par les tribus les plus rapprochées des centres de populations européennes ; mais alors, plus loin vers le sud, la proprieté ne sera établie qu'après un certain temps, et jusque-là les Arabes de ces régions resteront avec leurs préjugés sous la domination morale des marabouts et des chefs féodaux.

Eh bien ! ici encore les Kabyles pourront rendre les plus grands services à notre cause :

Attirons-les dans ces contrées ; donnons ou vendonsleur des terres, bien choisies et bien situées, qui auront été rendues disponibles par l'expropriation pour cause d'utilité publique ; sur ces terres, on établira des villages régis par les mêmes lois que ceux du Djurdjura et, avec toutes leurs qualités qui les rap-

(1) Voir le tableau.

prochent de nous, les Kabyles deviendront les inter-
médiaires de nos mœurs, de nos coutumes et de notre
civilisation, vis-à-vis du peuple arabe qui acceptera
plus facilement les exemples donnés par des coreli-
gionnaires et se préparera ainsi à suivre bientôt les
nôtres.

L'histoire nous apprend que les Kabyles consentent
volontiers à s'expatrier pour aller coloniser ailleurs ;
on trouve, en effet, dans les tribus du Tell et dans le
Sahara, des Kabyles, des Zouaoua qui, à diverses
époques, sont venus, sans y être obligés, s'installer
sur des terres éloignées de leur pays natal. Aujour-
d'hui, trop à l'étroit dans leurs montagnes, ils
émigrent déjà en grand nombre pour aller travailler
chez les colons et chez les Arabes, et cette émigration
augmentant chaque jour, beaucoup accepteront avec
reconnaissance les terres que nous leur offrirons ou
leur vendrons, à bon marché, dans des positions fa-
vorables à la fois à la culture et au but que nous nous
proposons d'atteindre.

Un de nos anciens camarades, M. Aucapitaine, dont
nous déplorons la mort prématurée, nous a donné à
ce sujet des idées que nous trouvons fort justes :

« Les Kabyles, dit ce chef de bureau arabe, sont
« d'excellents soldats ; ils fournissent l'élite des tirail-
« leurs algériens, comme discipline, courage et abné-
« gation. Doués de l'esprit d'entreprise, ils ont suivi
« les aigles françaises sur les champs de guerre de la
« Crimée et de l'Italie, au Sénégal, en Cochinchine,
« au Mexique. Partout ils ont vaillamment scellé de

« leur sang la brillante réputation acquise par les
« troupes indigènes de l'Algérie. En un moment dif-
« ficile, des villages kabyles installés en pays arabe
« offriraient les éléments de fortes *colonies militaires*,
« ressource précieuse pour les éventualités de l'avenir
« dans les parties méridionales du pays, éloignées par
« leur position du contact des Européens et dont une
« guerre continentale peut diminuer ou éloigner in-
« stantanément les garnisons permanentes. Ces villages,
« installés de préférence dans les endroits monta-
« gneux du sud, isoleraient et pourraient au besoin
« surveiller les tribus arabes de cette portion de l'Al-
« gérie, en même temps que leur démontrer, par un
« exemple pratique et constant, la supériorité de la
« vie sédentaire et municipale sur leur existence no-
« made et féodale. »

Ancien capitaine de tirailleurs algériens, nous
avons appris, nous aussi, à connaître les Kabyles et les
Arabes, et nous sommes partisan de ces sortes de
colonies militaires parce que nous en avons visité et
étudié de semblables au Caucase, où nous avons pris
part aux expéditions de l'armée russe en 1860 et
1861 ; nous les avons vus au combat, ces braves cosa-
ques de la ligne du Caucase, et nous savons quels
services ils ont rendus à la Russie.

En résumé, les Kabyles peuvent nous aider à ré-
générer le peuple arabe et en même temps à nous dé-
fendre, au besoin, contre lui.

— Nous ne saurions trop le répéter, nous ne voulons pas brusquement et sans transition imposer toute

notre administration et toutes nos lois aux Arabes ;
nous voulons y arriver progressivement et en ména-
geant leurs convictions religieuses.

Cependant il est de certaines lois que nous devons,
dès à présent, leur faire accepter, afin de les préser-
ver d'un péril imminent et certain, et il serait inhu-
main de notre part de manquer à ce devoir sacré, qui
nous est tracé par notre rôle de conquérant civilisa-
teur.

En effet, en nous établissant chez eux sans cher-
cher à les assimiler à nous, nous avons été la cause
de leur malheur. M. le docteur Warnier, dans une de
ses excellentes brochures, nous le fait parfaitement
comprendre :

« Avant la conquête, dit-il, il y avait peu de dé-
« bouchés, et conséquemment l'Arabe ne pouvait faire
« facilement écouler ses produits ; ses silos restaient
« pleins et les troupeaux ainsi que la laine ne man-
« quaient jamais pour sa nourriture, ses vêtements et
« ses habitations. Il avait ainsi, malgré lui, des ré-
« serves considérables qui le mettaient toujours à
« l'abri de la disette et malgré son imprévoyance
« habituelle, il traversait sans accidents les séries de
« bonnes et de mauvaises années qui se succèdent
« périodiquement en Algérie. Aujourd'hui tout est
« changé, les débouchés sont devenus faciles ; nous
« avons ouvert des ports et des routes ; notre com-
« merce a pris un développement sérieux ; alors, dans
« les bonnes années, l'Arabe, excité par l'appât de
« l'argent, vend ses grains, ses troupeaux et ses laines,

« même avant la récolte, et au lieu de laisser dans
« les silos des réserves pour les mauvaises années, il
« enfouit ses écus dans une cachette secrète ou bien il
« les dépense follement. »

Telle est la cause principale de la disette de 1867,
où notre gouvernement militaire s'est montré aussi
imprévoyant que les Arabes eux-mêmes...

Notons bien que le Kabyle n'a pas été atteint par le
fléau et qu'il a beaucoup gagné, au contraire, par la
conquête, la valeur de tous les produits du pays ayant
atteint des prix bien plus élevés que ceux du passé.

De tels engagements n'ont-ils pas pour résultat de
nous montrer la voie que nous devons suivre sans hé-
sitation à l'avenir?...

— Si les Arabes étaient moins fatalistes, ils seraient
déjà venus eux-mêmes implorer les bénéfices de notre
civilisation ; mais leur nature est telle qu'ils ne viendront pas à nous si nous n'allons pas vers eux ; devons-
nous donc pour cela les laisser périr sans leur porter
secours !

Nos adversaires déclarent cependant qu'il serait
inique d'imposer des lois aux Arabes et de toucher,
sans leur consentement, à leur organisation sociale !
De pareilles objections, ne tombent-elles pas d'elles-
mêmes, après ce que nous venons de dire ?

D'ailleurs, n'a-t-on pas déjà imposé aux indigènes
des lois qui leur ont déplu ? N'a-t-on pas supprimé
les djemmaas arabes et imposé des caïds arabes à des
tribus kabyles ? ces tribus se sont révoltées pour ce

motif, et nous les avons châtiées de la façon la plus énergique......

Pourquoi nous défendez-vous de faire du bien aux indigènes, malgré eux, vous qui leur avez fait si souvent un mal inutile ? Vous avez toujours agi par la force, tandis que nous, nous voulons agir par la douceur ; nous savons déjà, du reste, que le plus grand nombre acceptera volontiers nos réformes :

Nous avons interrogé, en effet, des Arabes de grande tente, des chefs nommés par le Gouvernement et enfin des prolétaires, après leur avoir bien expliqué ce que nous entendions par assimilation.

Le Grand Seigneur et le marabout nous ont répondu : Nous avons la conviction que tôt ou tard vous serez forcés d'abandonner votre conquête ; rendez-nous donc dès à présent notre ancienne autorité avec tous nos priviléges et retournez tranquillement chez vous.

Les chefs nommés par le gouvernement, les fonctionnaires nous ont affirmé que tout allait pour le mieux et qu'on ne pourrait rien changer à l'état actuel des choses sans mécontenter et peut-être même révolter leurs administrés. Mais ces administrés, les Fellahs, les Khammés, tous les autres Arabes, les masses enfin nous ont répondu : Sauvez-nous de notre affreuse misère par tous les moyens que vous voudrez, mais gardez le secret de ce que nous venons de vous dire.

Le gouvernement, jusqu'ici, n'a consulté que les seigneurs et les fonctionnaires ; nous ne devons pas nous en étonner, car ce Gouvernement est militaire et que, comme tel, il ne peut procéder autrement que par la voie hiérarchique ; aussi, nous a-t-il toujours trompés en se trompant lui-même.

Quoi qu'il en soit, il est aujourd'hui incontestable que la majorité des Arabes est docile à l'assimilation, telle que nous la demandons ; tous, on peut le dire, attendent avec impatience leurs titres de propriété ; ils comprennent déjà les avantages que nous voulons leur offrir, et comment ne les accepteraient-ils pas avec reconnaissance ? Puisque nous voulons leur donner la liberté en les affranchissant de l'autorité arbitraire qui pèse sur eux, en leur restituant leurs djemmaas et en leur donnant la propriété individuelle.

Maintenant que nous avons démontré, d'une manière technique, que l'assimilation est facile, nécessaire ; qu'elle est d'ailleurs un bien pour l'Arabe autant que pour le colon et que la majorité des indigènes y est docile, élevons-nous au-dessus des mesquines objections de nos contradicteurs et sans craindre de nous répéter, reprenons toute la question dans son ensemble pour la traiter du plus haut que nous pourrons :

Quelque chose qu'on entreprenne, pour arriver à des résultats sérieux, il faut d'abord savoir nettement ce qu'on veut ; ensuite, le vouloir résolûment.

Il s'agit aujourd'hui de doter l'Algérie d'une organisation nouvelle.

Que se propose le Gouvernement français ? Est-ce simplement de répondre aux doléances des colons, en les relevant de l'état d'infériorité civile et politique dont ils se plaignent avec tant de raison, en leur rendant, en un mot, leurs droits de citoyens dans toute leur étendue?

Si c'est là tout ce qu'on se propose rien n'est plus juste assurément, mais est-ce assez?

Quand les colons revendiquent avec une ardeur et une persévérance qui les honorent, des droits dont on n'aurait jamais dû les priver; quand ils émettent sur les réformes à introduire dans le Gouvernement actuel de l'Algérie, des idées, sans doute fort sages, ils se placent surtout au point de vue de leurs intérêts particuliers-comme colons.

Mais, ces intérêts satisfaits dans le présent, un autre intérêt peut rester en souffrance, un intérêt général et partant supérieur, l'intérêt de la patrie française tout entière.

L'homme politique doit voir les choses de plus haut; son regard doit embrasser en même temps et le présent et l'avenir.

Qui n'a lu, avec un sentiment de tristesse patriotique, ce chapitre d'un livre récent (1) de M. Prévost-Paradol, où l'éloquent écrivain, frappé du développement prodigieux, universel, de la race anglo-saxonne, en présence de la Russie et de ses tendances panslavistes, de la Prusse, c'est-à-dire, bientôt peut-être, de

(1) La *France nouvelle.*

l'unité germanique, se demande avec inquiétude si nous n'avons pas à craindre pour l'influence future de la race française, pour le rang et peut-être même pour l'existence indépendante de notre chère patrie, resserrée entre ses étroites frontières. Ce n'est pas du côté du Rhin que nous devons tourner nos regards, conclut M. Prévost-Paradol; c'est en Algérie qu'il faut porter toutes nos espérances d'accroissement, et nous pensons comme lui, que l'Algérie ne doit pas être seulement pour nous une colonie, pas même une France nouvelle, mais le prolongement de la patrie française sur la rive africaine. N'est-il pas évident, en effet, qu'avec la télégraphie électrique, les chemins de fer et la navigation à vapeur, l'Algérie est à nos portes, qu'elle est moins éloignée de Paris que ne l'était, il y a quarante ans, Marseille ou Bordeaux?

Que de fois, pendant les années que j'ai passées en Afrique à différentes époques, en expédition dans le Sahara, les steppes, la Kabylie, le soir sous la tente, après de longues marches militaires, que de fois ne me suis-je pas demandé si tant de fatigues, tant d'héroïsme, tant de sang versé, tant de trésors répandus, et tant de sacrifices devaient demeurer stériles; si tout cela ne devait aboutir qu'à l'établissement de quelques milliers de colons dans une position inférieure et précaire, en présence d'une race irréconciliable, destinée elle-même à croupir éternellement dans la misère d'un communisme barbare, sous le joug dégradant de la servitude féodale! Et toujours m'apparaissait la même vision : je voyais, comme aux beaux jours de la domination romaine, toutes les races qui peuplent cette terre se fondre dans la même cité, sous une législation uniforme, développant dans la même liberté toutes leurs facultés productives; les villes s'élevaient par centaines, le désert s'effaçait devant la charrue, des millions d'hommes industrieux couvraient ce sol si admirablement situé pour exercer un jour une grande influence; un champ sans limite s'ouvrait à l'activité intelligente de la race française que la Providence me semblait avoir destinée à entraîner dans son orbite la plus belle partie du continent africain.

N'était-ce donc là qu'un mirage, qu'une vision décevante!

Non! non!

Toutes les réflexions que nous avons pu faire depuis nous ont confirmé dans cette idée que notre vision doit être un jour une réalité, si, du moins, la France est assez heureuse pour trouver enfin des hommes d'État qui ne lui fassent pas manquer sa fortune.

Notre foi est si grande sur ce point qu'elle s'est déjà traduite par des œuvres et que nous n'avons pas hésité à faire de l'Algérie, en y acquérant des terres considérables, le centre même de nos intérêts.

— Si c'est ainsi que doit être comprise la question algérienne, le système d'organisation si longtemps cherché est tout trouvé : il n'y en a qu'un qui soit raisonnable, c'est l'assimilation, l'assimilation la plus complète, dans le temps le plus prochain possible, pour les indigènes comme pour les Européens.

Tant qu'il ne s'agissait que d'une colonie, quand on voyait d'un côté 240,000 Européens, de l'autre 2,680,000 indigènes, on pouvait encore balancer à la rigueur ; car s'il était impossible de soumettre les colons au régime arabe, il pouvait paraître difficile de soumettre 2,680,000 indigènes au régime français. L'accessoire ne pouvait guère emporter le principal. Mais du moment que l'Algérie n'est plus qu'une partie intégrante de la France, quoi de plus naturel (si du moins la chose peut se réaliser sans que la justice soit violée), quoi de plus légitime que de faire plier les convenances de deux millions et demi d'Arabes devant les intérêts supérieurs de 40 millions de Français !

Il nous semble impossible que cette idée n'obtienne pas l'assentiment de tous les esprits sérieux qui voudront bien peser les avantages de toute sorte que contient le système de l'assimilation immédiate. Et d'abord, c'est un système parfaitement simple, parfaitement intelligible ; ce qui n'est pas un médiocre avantage.

C'est le système définitif ; car tout le monde, à peu près, s'accorde sur ce point que les systèmes multiples qu'on propose tendent tous à préparer les indigènes à l'unité administrative. Ce n'est donc pour eux qu'une question de temps.

Mais, nous dira-t-on peut-être, est-ce que vous avez la prétention de changer d'un coup de baguette l'état actuel des choses? Et vous semble-t-il que vous aurez consommé l'assimilation par cela seul que vous l'auriez décrétée? — Non, certes, nous ne sommes pas si fou et nous voulons qu'on apporte à l'application du système tous les tempéraments que les circonstances auront rendus nécessaires. — Mais alors, en quoi différez-vous des partisans des systèmes mixtes? — Nous en différons en ce point, et cette différence est, à notre avis, très-importante, d'abord que les systèmes mixtes maintiennent, au moins partiellement, et que le système de l'assimilation abolit d'une manière absolue le gouvernement militaire dont l'influence a été si funeste à la colonie.

Nous ne voulons pas récriminer; mais la cause est maintenant entendue : s'il faut juger de l'arbre par ses fruits, l'administration militaire est irrévocablement condamnée.

A Dieu ne plaise qu'on puisse trouver dans nos paroles rien d'offensant pour l'armée française ni pour les officiers si distingués de nos bureaux arabes! Ce n'est pas nous qui voudrions porter atteinte à notre propre honneur de soldat! Ce ne sont pas les hommes que nous attaquons, c'est le système. L'armée, nous n'en doutons pas, est appelée à rendre encore, en Algérie, d'immenses services, soit en maintenant l'ordre intérieur si nécessaire à l'organisation définitive du pays, soit en la protégeant contre toute attaque extérieure, soit, sans doute, dans l'avenir, en portant au loin, avec le drapeau de la France, les bienfaits de la civilisation.

Mais il ne faut point qu'elle sorte de ses attributions naturelles. L'armée doit être le bras et non la tête. Entre le commandement absolu et l'obéissance passive, il n'y a pas de place pour l'activité libre. Il est de l'essence du gouvernement militaire de tuer le progrès : l'histoire l'a prouvé cent fois, en Algérie comme ailleurs.

Un autre point sur lequel nous différons des partisans d'une organisation mixte et qui n'a pas moins de gravité, est celui-ci :

Tout système mixte est un système nécessairement provisoire ; c'est un système d'atermoiements indéfinis, dans lequel on s'endort et qui laisse les choses exactement dans l'état où on les a trouvées, quand elles ne tombent pas dans un état pire. Dans vingt ans, dans trente ans, il faudra recommencer, et le point de départ sera le même.

Tandis qu'en décrétant dès aujourd'hui l'assimilation complète, ce n'est plus vers un but perdu dans les brumes de l'avenir que vous avez à marcher ; c'est vers un but parfaitement clair, parfaitement défini. Vous vous mettez résolûment en route et ces obstacles qui vous effrayaient parce que la distance les grossissait à vos yeux « *major e loginque;* » ils s'évanouissent à mesure que vous en approchez. Ce sont les bâtons flottant sur l'onde :

De loin c'est quelque chose et de près ce n'est rien.

Et ne dites pas que rien ne presse ! Qui peut savoir le prix du temps perdu ?

C'est parce que vous n'avez fait que du provisoire, parce que vous ne saviez pas au juste ce que vous vouliez, que vous n'avez que médiocrement réussi. Une idée claire, un but bien défini, vous donneront une puissance incalculable.

On comprend à merveille que les âmes aventureuses, celles de toutes qui ont le plus besoin de liberté, aient été fort peu tentées jusqu'ici d'échanger la liberté relative dont elles jouissent en France, contre le régime de servitude civile et politique que leur offrait l'Algérie ; qu'elles préférassent, malgré la distance, au prix de difficultés sans nombre, porter leur activité dans la libre Amérique. Mais du jour où elles seront assurées de trouver, sur n'importe quel point de la France algérienne, avec la terre à bon marché, toutes les garanties de liberté civile et politique que nous travaillons à nous donner dans la mère patrie, qui peut dire quel puissant essor prendra notre colonisation ?

—Les difficultés, d'ailleurs, sont-elles donc si grandes qu'on le proclame ? Dans la première partie de notre travail, nous avons prouvé que non ; mais nous voulons le répéter encore : La population algérienne se compose de trois éléments principaux : 1° les colons français, 2° les Berbères ; 3° les Arabes.

Quant aux colons français, l'assimilation peut se faire d'un trait de plume. Il n'y a qu'à écrire qu'ils sont assimilés, ce seul mot dit tout. Être citoyen français

c'est avoir, en principe, le droit d'élire : pour l'administration communale, les conseillers municipaux ;
pour l'administration départementale, les conseillers
généraux ; pour l'administration générale les députés
au Corps législatif, etc., etc.

Les Berbères purs jouissent, comme nous l'avons démontré plus haut, d'une organisation communale à
peu près semblable à la nôtre et fondée sur la propriété
individuelle. Quoi de plus facile que de consacrer cet
état de choses en lui faisant subir, s'il le fallait, quelques légères modifications pour l'adapter complétement
à notre système administratif ? Au lieu de cela, le gouvernement militaire semble avoir pris à tâche de bri-
ser les institutions sur lesquelles nous pouvions nous
appuyer, pour en créer d'autres qui devaient fortifier
la résistance et qui ont amené des soulèvements qu'il
a fallu réprimer par de sanglantes expéditions ! Voilà
comment nous avons compris notre mission et nos intérêts ! Nous avons sacrifié les Kabyles dont les institutions et l'esprit démocratique devaient rendre aisée
la fusion avec nous, pour favoriser le communisme et
la féodalité arabe, centre et cause durables de toutes
les résistances opposées à notre action en Algérie.

Voilà l'obstacle ! Est-il donc insurmontable ? Voyons.

Quelle est la force relative de l'élément arabe au-
quel nous avons tout sacrifié ?

Il y a en Algérie peut-être 500,000 Arabes purs ;
mettons un million et demi en comptant les Berbères arabisés. Est-ce devant un million et demi
d'indigènes que doivent s'arrêter les progrès de la ci-

vilisation française? Faut-il laisser éternellement indivise, entre les mains de ce peuple, qui ne la cultive
presque pas, la plus grande partie du sol, qui demeure-
rait ainsi à jamais inaccessible à des bras plus actifs et
plus industrieux? Personne n'oserait répondre : oui!
car de la solution de cette difficulté dépend l'avenir
de la civilisation.

S'agit-il donc de spolier les Arabes, de violer vis-à-
vis d'eux les principes de la justice éternelle?

Non !

Est-il besoin d'avoir recours à quelque mesure nouvelle ou tyrannique pour réaliser le système de l'assimilation complète et immédiate?

Point du tout !

Le gouvernement lui-même l'a découverte, cette mesure, il l'a décrétée; c'est la constitution de la propriété
individuelle. Il ne s'agit maintenant que de l'appliquer
résolûment, et cela, dans le plus bref délai possible.

La constitution de la propriété individuelle trouvera
peut-être quelque opposition parmi les chefs de grande
tente, véritables seigneurs féodaux de l'Algérie, qui ont
eu seuls jusqu'ici le privilége de se faire écouter de
l'administration militaire ; mais elle sera certainement
accueillie avec transport par cette nombreuse population de Khrammes et de Fellahs, qui compose le pro-
létariat arabe. Ce serait mal connaître les hommes que
d'en douter. Des esprits grossiers et superficiels ont
dit : « Grattez l'Arabe , et vous trouverez un sauvage ; »
nous disons, nous, avec plus de respect pour la nature humaine : « Grattez l'Arabe et vous trouverez un

homme. » Or nous savons que le plus sûr moyen de se concilier les hommes, c'est d'être juste et de leur faire du bien.

Nous serons justes envers eux, car en les faisant propriétaires nous leur accorderons la liberté et l'égalité qui sont la justice même, et nous leur ferons encore du bien en mettant entre leurs mains l'instrument de leur prospérité future. L'Arabe, devenu propriétaire, trouvera ce qui lui a manqué jusqu'ici : la stabilité et le crédit; son activité et son industrie se développeront en proportion des avantages qu'elles pourront lui procurer; en se particularisant, ses intérêts s'incorporeront au sol; l'influence féodale de la tribu, s'affaiblissant, n'aura plus pour nous aucun danger; de ce territoire dont il ne pourra cultiver qu'une partie, l'autre partie passera dans les mains des colons européens, et ceux-ci, se mêlant de la sorte à la population arabe, vivant avec elle sur le pied de l'égalité civile et politique, par la vie commune, par un échange quotidien de bons rapports et de services, ne tarderont pas à nous la concilier, au point de lui faire bénir la conquête. Il ne saurait en être autrement; car que pourraient-ils demander de plus que l'égalité?

Nous ne voudrions pas nous laisser emporter par notre imagination; mais il nous semble que les Arabes, ainsi francisés, pourraient bien être un jour un aimant qui attirerait à nous les autres populations africaines.

— Si l'assimilation est facile au point de vue moral,

elle ne l'est pas moins au point de vue législatif, administratif, judiciaire.

La propriété individuelle entraîne, en effet, naturellement l'application de notre statut réel et, par conséquent, de notre organisation judiciaire et de notre système d'impôts. Croit-on que les Arabes aient une bien grande répugnance à accepter ces réformes et qu'ils ne préfèrent pas nos magistrats incorruptibles et nos honnêtes percepteurs à leur cadis et à leurs caïds qui ne sont, à leurs yeux mêmes, que des juges prévaricateurs et des concussionnaires omnipotents?

Quant au statut personnel, pourquoi ne pas les y soumettre pour tout ce qui est d'ordre purement civil? Et pour ce qui est d'ordre religieux, laissons-les libres de régler leurs intérêts à leur manière; c'est l'application même du principe de la liberté de conscience.

En partageant la propriété indivise entre les membres de chaque douar, on créera des groupes naturels d'intérêts, qui formeront des communes, lesquelles nommeront, pour s'administrer, leurs djemmaas et leurs cheiks, c'est-à-dire leurs conseils municipaux et leurs maires. Les autres divisions administratives sont faciles à créer, car elles sont à peu près artificielles.

Mais, nous dira-t-on peut-être, irez-vous jusqu'à accorder aux indigènes le droit de nommer des députés? — Pourquoi pas? — S'il s'agissait de faire entrer les Arabes dans le Corps législatif de la colonie, on pourrait craindre qu'à raison de leur nombre, leur influence n'y fût prépondérante et conséquemment dangereuse. Mais il s'agit, dans notre système, de les faire entrer dans le Corps législatif français. Croit-on que, si notre influence n'a pas beaucoup à y gagner, elle aurait beaucoup à y perdre?

— Nous terminerons ici cette étude sur la question algérienne. Il n'échappera point aux personnes bienveillantes qui nous feront l'honneur de nous lire, que nous n'avons pas eu la prétention de l'épuiser. Nous essayerons peut-être un jour de la développer davantage. Pour le moment, nous avons voulu seulement, en notre double qualité de colon et de Français, payer notre tribut de dévouement à la colonie et à la France. Par une étude attentive de tous les détails, nous avons essayé de nous faire une idée bien nette de la situation actuelle de l'Algérie et de l'influence qu'ont exercée sur la colonisation les différents systèmes d'administration appliqués jusqu'à ce jour. Puis, nous élevant plus haut et condensant en quelques pages rapides les réflexions exposées dans notre première partie, nous nous sommes demandé ce que devaient faire nos hommes d'État pour que la France remplît en Afrique sa mission, nous n'osons dire providentielle, car ce mot, dans ces derniers temps, a perdu quelque peu de son éclat; nous dirons modestement le rôle que lui assigne l'intérêt de son avenir et la nature des choses.

Nous avons pensé que le système le plus raisonnable, celui qui conduit le plus directement et le plus promptement au but, c'est le système de l'assimilation complète et immédiate. Nous avons essayé de le démontrer : en effet, à moins de les considérer comme étant dans un état permanent de rebellion latente, mais légitime, nous ne pouvons nous empêcher de regarder comme françaises, indépendamment de toute naturalisation, les diverses populations incorporées au sol de l'Algérie à l'époque de la conquête, et dès lors, nous pensons qu'il y a tout avantage à leur appliquer sans retard notre constitution civile et politique.

— Osons-nous espérer que nos idées seront prises en considération? Elles paraîtront peut-être trop radicales. Pourtant, ce que nos hommes d'État devraient rechercher avant tout, c'est la netteté de la pensée, la décision de l'esprit; nous voudrions les voir marcher en Algérie d'un pas ferme à un but déterminé. C'est ce que nous attendons avec confiance du gouvernement qui vient d'inaugurer enfin, avec le régime parlementaire, une ère nouvelle de liberté et de progrès pour la France.

Paris, 23 février 1870.

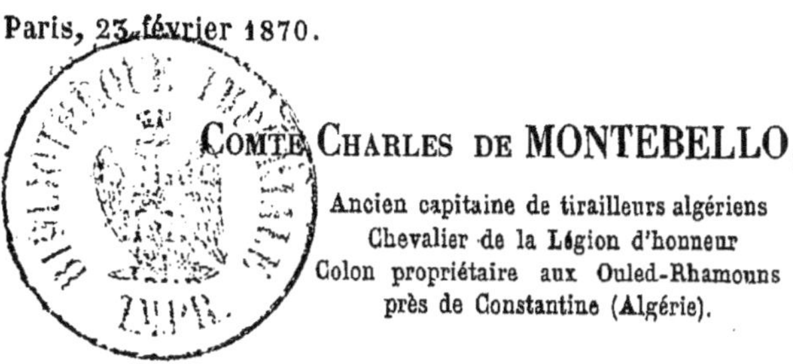

Comte Charles de MONTEBELLO,

Ancien capitaine de tirailleurs algériens
Chevalier de la Légion d'honneur
Colon propriétaire aux Ouled-Rhamouns
près de Constantine (Algérie).

81. — Paris. — Imprimerie de Gusset et Cⁱᵉ, rue Racine, 26.

9 782012 877542